CLASES HÍBRIDAS
UN NUEVO LENGUAJE EDUCACIONAL

Artemio Espinosa Mackenna

1

"Clases Híbridas: Un nuevo lenguaje educacional"

Autor: Artemio Espinosa Mackenna

Primera Edición Septiembre de 2023
Número de inscripción 2023-A-9658

Índice

Resumen de la obra

Este libro busca acortar la brecha entre los docentes y las clases híbridas, tomando la experiencia del autor en años de trabajo en el rubro televisivo, cinematográfico y educativo, sumado a la experiencia ganada durante la pandemia de COVID-19, para volcarlos en un instrumento único y útil para quienes están iniciándose en el formato híbrido y necesitan algunas herramientas útiles para hacer una clase exitosa, en dos aulas completamente diferentes y en simultáneo.

Acerca del autor

Estudió Comunicación Audiovisual en el Instituto de Artes y Ciencias de la Comunicación IACC en Chile, graduándose en 1996.

Trabajó como Director de televisión, en realizaciones para los canales chilenos:

· 13 Cable, Chilevisión, Megavisión, TVN internacional, UCV, La Red y Gran Santiago Televisión.

· Premio Nacional de Televisión con el programa "Tertulia".

· Ministerio de Educación de Chile cataloga como "Altamente Educativos" seis de sus programas de televisión.

Cineasta, Director del único largometraje dogma chileno: "Residencia" (Dogma#33)

· "Premio del Público" International Film Festival of Austin, Texas, USA.

· "Premio del Jurado a la Originalidad", Festival Internacional de La Palma, Islas Canarias, España.

· "Premio del Público", Festival Nacional de Ovalle, Chile.

· "Mejor Guión" Asociación de Periodistas de Espectáculo de Chile, APES.

Profesor de Educación Tecnológica:

Se recibió de Licenciado en Educación, Universidad de Playa Ancha Chile, 2012.

· Magister en Tecnología Educativa e Innovación, de la UNIACC Chile, 2023

· Beca CPEIP en el programa "Directores de Excelencia" Chile, 2014.

· Diplomado en Liderazgo para la conducción de la mejora del aprendizaje para todos los estudiantes, de la Universidad Alberto Hurtado Chile, 2015.
· Diplomado en Diseño Instruccional, UNIACC Chile, 2021
· Diplomado en Tecnología Educativa, UNIACC Chile, 2022
· Postítulo en Innovación, UNIACC Chile, 2022

Clases Híbridas:
Un nuevo lenguaje educacional
Artemio Espinosa Mackenna

1.Introducción a este libro

La pandemia del COVID-19 cambió la manera de enfrentar la vida o la forma en que llevamos adelante nuestras relaciones sociales. Sin duda que en todos los rubros han existido cambios sustanciales, surgiendo innovaciones y emprendimientos por todas partes. La cultura de la reinvención se instaló de manera forzosa, ya que la famosa "zona de confort" fue borrada del mapa de todos quienes vivieron ese período.

Todas las áreas fueron afectadas, unas más y otras menos, ciertamente, pero nadie quedó indiferente. Algunos se vieron favorecidos con los cambios y otros tremendamente perjudicados. Por su parte, vimos cómo las empresas dedicadas al *delivery* crecieron exponencialmente, mientras rubros como el turismo o el arte fueron tremendamente golpeados.

Pero claramente el rubro que más tuvo que reinventarse y mutar fue la educación. Nos enfrentamos a un cambio radical en todo sentido, primero porque la forma de hacer pedagogía que se enseñaba en las universidades, incluye la didáctica y las prácticas en aulas presenciales, pero ningún docente que vivió la pandemia del 2020 fue formado para hacer clases en aulas virtuales y menos híbridas, y segundo, porque la inmensa mayoría de los docentes que enfrentaron la pandemia, eran inmigrantes digitales y el tema tecnológico no era su campo, lo que los forzó a aprender y sumergirse en un tema, para muchos, desconocido y, muchas veces, no querido.

Para algunos fue un desafío casi inalcanzable, considerando que no solo tuvieron que planificar la clase en papel, si no que tenían que generar muchos otros recursos que complementaran esa clase, como también aprender nuevas herramientas tecnológicas que permitieran hacer de una clase, un espacio de aprendizaje. Y si a esto sumamos la falta de retroalimentación que ocurre en las clases virtuales, donde los estudiantes muchas veces no encienden sus cámaras y mantienen apagados sus micrófonos, los docentes se encontraron, en incontables ocasiones, haciendo clases contra una pared, donde no se sabía nada de lo que estaba ocurriendo al otro lado. Resulta que no estábamos preparados para esto, no es lo que soñamos cuando estudiamos para ser docentes, no es lo que nos motiva o moviliza a los formadores, pero es lo que tuvimos que enfrentar en este período tan complicado.

A esto debemos sumarle las horas para corregir trabajos y pruebas, además de contestar preguntas de estudiantes, apoderados y cumplir con las exigencias de directivos. El tiempo no alcanzaba y la sobrecarga se volvió mayor.

Desde que se regresó a clases presenciales en los colegios, la modalidad fue semi-presencial, donde no todos los estudiantes asistían de manera simultánea o, muchas veces, no llegaban por aprensiones de los apoderados. Por lo tanto la solución principal fueron las clases híbridas, que conjugaron la posibilidad de estar en dos aulas en simultáneo y permitieron que todos los estudiantes del establecimiento pudieran estar presentes y acceder a los contenidos.

Sin embargo, es en este punto donde surge un problema grueso y que hasta ahora no se tomó en cuenta, y es que si bien los profesores han estudiado para serlo y saben cómo hacer una clase presencial y, a su vez, supieron adaptarse a hacer las clases de manera virtual con bastante éxito, a partir de este punto en que se instalaron las clase híbridas, se tuvieron que enfrentar a una clase diferente, que tiene de ambos tipos: presencial y virtual, pero que no es una mezcla de ambas. No bastaba pensar que el éxito se lograría gracias a la sumatoria de las dos clases por si, y que era cosa de pararse frente a ambas aulas y hacer la clase de siempre, porque hay un punto que no se consideró, principalmente por ignorancia sobre este tipo de clases, y es que existe un lenguaje diferente, una gramática distinta, que hacen a las clases híbridas una tercera alternativa sobre la cual debemos formarnos para lograr que el aprendizaje ocurra en ambas aulas de manera pareja y correcta, sin frustrarnos ni terminar agotados.

Es aquí donde radican las principales complicaciones cuando no se logran los objetivos en ambas aulas, y surgen las quejas de los docentes que no logran hacer una clase híbrida exitosa. Basta recordar lo sucedido en Santiago de Chile, con una profesora que envió un audio a sus amigas, contando su experiencia haciendo clases híbridas, y que se viralizó por la aplicación Whatsapp, donde reclamaba por lo que sucedía en su establecimiento[1]. El colegio donde ocurre el hecho es de élite, particular/pagado, con una colegiatura muy alta, con muchos recursos para hacer una clase híbrida, como señala la misma docente en su audio, sin embargo, el resultado no fue óptimo. Imagínense lo que ocurría, entonces, en cientos de miles de establecimientos que no cumplían con las condiciones mínimas tecnológicas para una clase híbrida. Da para preguntarse ¿Bajo qué condiciones estarían trabajando sus docentes intentando hacer una clase de estas características?

Esto es algo complejo y, por lo mismo, se suelen escuchar reclamos dirigidos a las causas de los problemas, o más bien, a lo que los docentes creen que son las causas: tienden a culpar a la tecnología con la que cuentan, ya que no logran que en la casa los estudiantes tengan el mismo nivel de aprendizaje que en el colegio, por múltiples razones que se suelen externalizar, sin darse cuenta que el problema generalmente no radica en lo externo, sino más bien en la forma en que el docente enfrenta la clase. Cobo (2016, p.20), en su libro "La Innovación Pendiente. Reflexiones (y Provocaciones) sobre educación, tecnología y conocimiento", se refiere a los cambios que vienen y lo complejo que resulta un mundo gobernado por algoritmos, y al respecto de la educación señala qué "El cambio de valor está en el conocimiento como tal, tanto por su acelerada renovación, por la abundancia de posibilidades y canales que existen para acceder a él, así como por la posibilidad de hibridar contextos, disciplinas y enfoques. Todas estas posibilidades de una u otra forma se plasman en un cambio de rol tanto de las personas como de las instituciones que tradicionalmente han administrado el conocimiento".

---

[1] Hecho ocurrido en marzo del 2021 en un colegio particular de Santiago de Chile. El audio respectivo se encuentra en https://www.youtube.com/watch?v=bTmvKT5A8nU

No se me malinterprete, no estoy diciendo en esta introducción que los profesores sean malos profesionales, simplemente vuelvo a repetir lo expresado anteriormente: no han sido formados para hacer una clase híbrida y la falta de material al respecto, la falta de literatura sobre esta nueva forma de educar, es casi nula. La autodidaxia es impracticable en este caso, así como la capacitación por parte de los establecimientos.

Este libro busca acortar la brecha entre los docentes y las clases híbridas, tomando mi experiencia ganada con los años de trabajo en el rubro televisivo, cinematográfico y educativo, sumado a lo puesto en práctica forzosamente durante la pandemia, para volcarlos en un instrumento que espero resulte útil para quienes están iniciándose en el formato híbrido y necesitan algunas herramientas útiles para hacer una clase exitosa.

Iniciaremos con un poco de teoría para comprender cómo aprenden los estudiantes de hoy en día, cuál es la labor del Docente 2.0 y de qué manera debemos enfrentar una clase híbrida, para luego llegar a los ejemplos y tips de ayuda.

¡Qué lo disfruten y les sirva!

2. La Educación Híbrida

La educación híbrida es un enfoque pedagógico que combina elementos de la educación presencial y la educación en línea. También se conoce como educación mixta o educación blended. Este modelo educativo busca aprovechar lo mejor de ambos mundos al combinar la interacción directa en el aula con el uso de tecnología y recursos en línea.

En un entorno de educación híbrida, los estudiantes tienen la oportunidad de participar en clases presenciales regulares con sus profesores y compañeros de clase, al tiempo que utilizan recursos digitales, plataformas en línea y herramientas tecnológicas para enriquecer su experiencia de aprendizaje. Esto puede incluir actividades en línea, contenido multimedia, foros de discusión, evaluaciones en línea y tutoriales interactivos, entre otros.

La educación híbrida brinda a los estudiantes la flexibilidad de aprender tanto en el aula como fuera de ella. Pueden acceder a materiales de aprendizaje en línea en su propio tiempo y ritmo, lo que les permite revisar conceptos, investigar y profundizar en los temas que les resulten más desafiantes. Además, los recursos digitales pueden ofrecer una variedad de formatos, como videos, simulaciones, juegos educativos y actividades interactivas, que pueden adaptarse a diferentes estilos de aprendizaje.

Los beneficios de la educación híbrida son variados. Por un lado, proporciona a los estudiantes una mayor autonomía y responsabilidad sobre su aprendizaje, ya que les permite tomar decisiones sobre cuándo y cómo acceder al contenido educativo. También fomenta el desarrollo de habilidades digitales, el pensamiento crítico y la colaboración en línea, competencias esenciales para el mundo actual.

Para los educadores, la educación híbrida les brinda la oportunidad de personalizar la enseñanza, adaptándola a las necesidades individuales de cada estudiante. Pueden utilizar el tiempo en el aula para enfocarse en actividades prácticas, discusiones en grupo y brindar retroalimentación personalizada. Al mismo tiempo, los docentes pueden utilizar las plataformas en línea para monitorear el progreso de los estudiantes, evaluar su desempeño y ofrecer apoyo adicional cuando sea necesario.

Es importante destacar que la implementación exitosa de la educación híbrida requiere una infraestructura tecnológica sólida, acceso a dispositivos y conectividad confiable a Internet. Además, se necesitan estrategias pedagógicas efectivas para integrar de manera efectiva los componentes presenciales y en línea, garantizando una experiencia de aprendizaje coherente y significativa.

La educación híbrida combina lo mejor de la educación presencial y en línea para ofrecer una experiencia de aprendizaje flexible, personalizada e interactiva. Proporciona a los estudiantes mayores opciones y autonomía, al tiempo que fomenta el desarrollo de habilidades digitales y la colaboración en línea, con la tecnología adecuada y estrategias pedagógicas efectivas.

3. Las Clases Híbridas

Las clases híbridas son una modalidad específica de educación híbrida en la cual los estudiantes participan tanto en actividades presenciales como en actividades en línea. En este contexto, las clases híbridas implican combinar sesiones presenciales en el aula con actividades de aprendizaje en línea.

En las clases híbridas, los estudiantes asisten físicamente a la escuela o institución educativa en determinados días o períodos de tiempo específicos. Durante estos encuentros presenciales, los docentes pueden impartir lecciones, realizar discusiones en grupo, llevar a cabo experimentos prácticos, promover la interacción entre los estudiantes y brindar apoyo directo.

Por otro lado, durante los períodos en los que los estudiantes no están físicamente en el aula, participan en actividades de aprendizaje en línea. Estas actividades pueden incluir la revisión de material de lectura, la visualización de videos educativos, la realización de tareas y ejercicios en línea, la participación en foros de discusión virtual y la presentación de trabajos o proyectos a través de plataformas digitales.

El objetivo principal de las clases híbridas es combinar la interacción directa y personal en el aula con la flexibilidad y las ventajas del aprendizaje en línea. Al permitir que los estudiantes tengan tiempo fuera del aula para trabajar de manera independiente en actividades en línea, se fomenta la responsabilidad y la autonomía en el aprendizaje. Además, las clases híbridas pueden adaptarse a diferentes estilos de aprendizaje, ya que los recursos en línea pueden proporcionar diferentes enfoques y formatos.

Las clases híbridas también pueden ser beneficiosas en situaciones en las que hay limitaciones de espacio o recursos en las instalaciones educativas. Al dividir a los estudiantes en grupos que asisten en días alternos, se puede reducir el número de estudiantes presentes en el aula a la vez, permitiendo un distanciamiento social adecuado. Esto ha sido especialmente relevante durante la pandemia de

COVID-19, donde las clases híbridas se han utilizado como una medida para garantizar la seguridad y el bienestar de los estudiantes y el personal docente.

Es importante destacar que la implementación efectiva de las clases híbridas requiere una planificación cuidadosa por parte de los educadores y una infraestructura tecnológica adecuada. Los docentes deben diseñar actividades en línea significativas y proporcionar orientación clara a los estudiantes sobre cómo acceder y completar estas actividades. Asimismo, la comunicación entre los estudiantes y los docentes debe mantenerse fluida y regular, utilizando herramientas de comunicación en línea como correos electrónicos, chats o plataformas de mensajería.

Pero antes de entrar de lleno en cómo hacer clases híbridas, veamos un poco de teoría respecto a la educación y algunas cosas que debemos manejar, dentro de un estilo de educación tan diferente y desafiante.

4. Conectivismo: una teoría educativa para estos tiempos

El año 2004 el profesor universitario canadiense George Siemens escribe un artículo llamado "Conectivismo: Una teoría de aprendizaje para la era digital", donde señala que el Conductismo, Congnitivismo y Constructivismo, siendo las grandes teorías educativas en las que basamos nuestros sistemas educativos, fueron elaboradas en una época en que la tecnología no había impactado el aprendizaje como ahora. Las últimas décadas han sido impresionantes en el desarrollo tecnológico de instrumentos que permiten un rápido acceso a la información, lo que ha desencadenado un proceso educativo diferente centrado principalmente en la autodidaxia, con acceso prácticamente ilimitado a fuentes de información variadas y certeras.

Siemens señala, qué uno de los cambios más brutales ha sido la temprana obsolescencia del conocimiento y lo grafica en algo tan simple como mirar hacia atrás, menos de medio siglo, y darnos cuenta que las personas terminaban sus estudios y se incorporaban al mundo laboral en una empresa donde "hacían carrera" hasta jubilarse, sin siquiera pensar en moverse de ahí. Las posibilidades de hacer un magister o doctorado eran casi inaccesibles y reservadas únicamente para una casta que podía pagar por estudios en el extranjero o postular a una beca. Los diplomados no existían en Chile y las empresas no necesitaban recurrir con mucha frecuencia a la capacitación de sus empleados. El conocimiento se adquiría por la práctica, lo que hacía valiosas a las personas que llevaban tiempo en un puesto, generando una relación simbiótica entre el trabajador, que se volvía imprescindible por sus conocimientos, y la empresa, que permitía a sus trabajadores desarrollarse laboralmente.

La vida útil de conocimiento estaba medida en décadas: lo que aprendía un trabajador en su oficio, le servía para ponerlo en práctica durante toda su vida laboral y le permitía una baja movilidad. De esta forma, conseguir un puesto en una empresa era un desafío, ya que había que esperar que estos se desocuparan, con la salida de trabajadores producto de su jubilación.

En los tiempos actuales vemos como el conocimiento va quedando obsoleto constantemente y con mucha rapidez. Lo que antes duraba décadas, hoy son meses, lo que obliga a una persistente actualización por parte de los trabajadores y las empresas. Las capacitaciones son, hoy por hoy, pan de cada día en el mundo laboral, e incluso las carreras universitarias ofrecen a sus egresados salir al mundo laboral con un título engrosado con un magister, sin necesidad de moverse de su casa de estudios. Los diplomados están al alcance de la mano en cientos de diversas formas y materias; las universidades ofrecen ciclos de microprogramas de formación profesional y extensión de corta duración, donde se puede ir actualizando el conocimiento constantemente. Y es que, si no nos preocupamos de actualizarnos, es imposible mantenernos vigentes.

Observando la realidad actual, Siemens se da cuenta que se dan algunas tendencias en el aprendizaje moderno, tales como:

1. Los estudiantes realizan su vida laboral en una amplia variedad de áreas, posiblemente sin relacionarse entre sí, durante todo su desarrollo profesional.

2. La educación formal no es la única manera de adquirir conocimientos. El aprendizaje informal y la autodidaxia se han vuelto un aspecto significativo de la experiencia de aprendizaje.

3. El aprendizaje ocurre de muchas maneras y por distintas vías.

4. El proceso de aprendizaje es contínuo y se desarrolla durante toda la vida.

5. El acceso a la tecnología está cambiando la forma de organizar nuestros cerebros. Las herramientas disponibles y que utilizamos a diario han ido definiendo y dándole forma a nuestro pensamiento.

6. Las personas y las organizaciones aprenden. No es posible que ninguna de las dos se quede atrás o corre el riesgo de desaparecer.

7. Los procesos que antes eran manejados por el procesamiento intelectual humano de información, ahora son realizados o apoyados por la tecnología.

Y cierra diciendo qué "Saber cómo y saber qué están siendo complementados con saber dónde" (Siemens, 2004, p.2), lo que nos lleva a hacer racional la necesidad de saber dónde encontrar el conocimiento requerido.

El Conectivismo, entonces, se plantea como una teoría moderna y acorde a los tiempos. Principalmente señala algunos puntos fundamentales:

1. El aprendizaje y el conocimiento dependen de la diversidad de opiniones. Es necesario recolectar información de varias fuentes para lograr un conocimiento fidedigno.

2. El aprendizaje es un proceso que consiste en conectar diferentes fuentes de información, transformando la capacidad de conexión en una habilidad fundamental, más allá de la capacidad de retención de dicha información. Así también resulta importante mantener y alimentar las conexiones para que el aprendizaje sea continuo.

3. El aprendizaje puede residir en dispositivos no humanos.

4. La actualización es el motivo principal de todas las actividades conectivistas de aprendizaje.

5. Tomar decisiones es un proceso de aprendizaje en sí mismo. Qué aprendemos y su significado están en una realidad cambiante constantemente, por lo que una decisión que resulta correcta en un momento, puede ser errónea en un corto plazo.

Esta teoría cambia en muchas cosas el entendimiento de la forma como actuamos los docentes y nuestro rol fundamental y tradicional en la historia de la educación.

Y abro un paréntesis para señalar que nuestro sistema educativo como lo conocemos hoy en día se gestó en la epoca victoriana, durante el siglo XIX, debido a una necesidad del imperio británico por generar un sistema que permitiera hacer que su gente trabajara como una máquina alineada y a punto. A saber, la Mancomunidad Británica, tenía territorios en diversos lugares del mundo, los cuales debía ordenar y dirigir. Para eso, generó un sistema que permitiera uniformidad en la manera de llevar el gobierno de todas esas colonias, generando escuelas de formación donde absolutamente todos sus estudiantes debían aprender lo mismo, internalizar ese aprendizaje y ser capaces de ponerlo en práctica en cualquier parte del mundo de la misma forma. Eso permitiría gobernanza a través de un orden tal, que podrías trasladar a un trabajador desde Londres a Sydney o de Nueva Delhi a Australia, y haría exactamente lo mismo y de la misma manera, con resultados satisfactorios para la corona.

Imagen 1: Imperio Británico en 1921, época de máxima expansión territorial. (De Vadac, 2008)

Estamos hablando de una época donde no había aviones ni comunicaciones instantáneas, donde los mensajes demoraban meses en ir y volver y, por lo tanto, resultaba imprescindible confiar los gobiernos locales a personas que respondieran exactamente a lo que el imperio solicitaba.

La educación se impartía en salones donde se sentaba a los estudiantes en filas y un profesor daba una clase frontal, conductista, enseñando una materia que todos los estudiantes debían aprender de memoria. No había espacio para pensar mucho ni menos para tener diferencias con lo enseñado. No se podía discutir, sólo memorizar y apropiarse de lo enseñado como una sola verdad. Lo importante era que donde estuvieran haciendo lo que se les enseñó, aunque fuera en el último rincón del territorio, debían hacerlo de igual manera, sin diferencias.

Fue un sistema genial, que dio resultado y generó que el imperio británico fuera el imperio más extenso jamás conocido. Fue tan exitoso, que el sistema se copió y replicó en todas partes del mundo, insertándose como sistema educativo, y adoptándose como la única fórmula válida de educar por parte de los estados en todas partes del mundo. Se transformó en un sistema que nos acompaña hasta el día de hoy, a casi dos siglos de su invención.

Aquí volvemos a lo que nos ocurre muchas veces cuando no respetamos el contexto al momento de tomar ideas que vienen de otros lados. Claro, muchas veces nos llenamos la boca hablando de la educación en Finlandia o Singapur, copiando sus modelos, sin tomar en cuenta la realidad en la que estamos. Sé que es otro tema y no voy a profundizar en esto, pero siempre es importante tomar en cuenta el contexto al momento de aplicar un sistema educativo. No me refiero únicamente a un paradigma educativo, me refiero a nuestra forma de educar, que debe ser diferenciada, más personalizada, considerando que todos aprendemos de distintas maneras, venimos de diferentes lugares, con diferentes historias, de mundos socioeconómicos variados y con intereses diferentes.

Si bien la educación híbrida no es la panacea, cuenta con algunos detalles, principalmente tecnológicos, que permitirán a los docentes que los estudiantes puedan aprender a su ritmo y de manera más integral. Existen recursos de aprendizaje que se pueden asociar, que dan resultados satisfactorios y que veremos más adelante.

5. ¿Cómo aprenden las niñas, niños y jóvenes de hoy?

La sociedad en la que vivimos actualmente es muy diferente a la que se vivía hace un par de décadas. Para contextualizar, actualmente decimos que estamos en la "Sociedad del Conocimiento", y con eso nos referirnos a nuevos códigos que exige la ciudadanía, tanto en el ámbito de la comunicación, como laboral, uso de la información, nuevos aprendizajes, entre otros. También se habla de la "Sociedad de la Información", que se apoya en medios de comunicación diversos, con diferentes miradas y variadas fuentes de información. Por otra parte, la globalización ha sido de gran manera económica, ampliando las fronteras de mercados. Rápidamente esta globalización ha ido impactando en los contextos culturales de todo el mundo, rompiendo códigos tradicionales y generando incertidumbre e inestabilidad. Esto produce tensión en aspectos éticos y valóricos tradicionales de comportamiento que se habían establecido por siglos y que estaban consolidados.

Hoy día los medios sociales en red constituyen el ecosistema que define las libertades individuales y las singularidades de la personalidad. Se tensionan aspectos como la libertad individual y el compromiso social, lo que genera una complicación acerca de mantener aspectos de la cultura local y la necesidad de las nuevas generaciones a definir un estilo de vida propio, multicultural, con diversidad de opiniones y puntos de vista.

El 2001, Marc Prensky, Estadounidense y teórico de la educación, define a los estudiantes de este siglo como "nativos digitales", es decir, que nacieron vinculados a contextos digitales y se caracterizan por que no son afines con la jerarquía, no les gustan los liderazgos tradicionales ni las instituciones, son más horizontales que verticales en la toma de decisiones, la tecnología les alimenta una inmediatez muchas veces enfermiza, y están tremendamente sobreestimulados. Van creando formas de relacionarse que se diferencian en gran forma a los que antiguamente existían. Se han acostumbrado a tener opinión, a publicar la vida íntima, a poner temas de discusión y a crear contenidos en la web.

Estas nuevas generaciones de estudiantes son activistas sociales detrás de un teclado. Desde las plataformas digitales desafían al poder tradicional y convocan. Se informan desde múltiples fuentes y formatos. Son visuales y para eso utilizan más las imágenes, los memes, los emojis, la fotografía. Generando una lógica no lineal, amplían las dimensiones de la comunicación. De alguna manera el celular se ha transformado en una extensión de su cuerpo y mente.

Habitualmente están presentes y conectados a las redes sociales, generando una vida paralela a la real (o nueva realidad), donde pueden ser diferentes y cómo quieran ser, donde lo que se sube a la red, puede ser filtrado y retocado, donde se permiten los avatares y donde la multiculturalidad tiene cabida. Buscarán, entonces, causas justas que apoyar que los identifiquen o les afecten, idealmente no muy populares, para distinguirse entre la masa, y se levantarán cuando sientan que su libertad está siendo atropellada. Esa búsqueda de distinción dice relación con sus intereses y metas en un proceso de construcción personal y pertenencia. Son multitareas, capaces de hacer más de una cosa a la vez e interactúan mejor con caos y desorden a su alrededor. Tienen la capacidad de estar conversando con alguien de manera presencial y, al mismo tiempo, estar escribiendo una historia o comunicándose con otra persona por chat.

Como sociedad nos cuesta salir de nuestra zona de confort y nos enfrentamos a grandes contradicciones cuando vemos que los jóvenes de hoy no sueltan el teléfono ni al momento de sentarse a la mesa a comer. Esta nueva cultura digital ha demostrado ser efectiva en muchos ámbitos. Un claro ejemplo es la organización que tuvo la denominada "Revolución Pingüina", en Chile el 2011, que unió a miles de personas escolares y universitarias, a protestar por condiciones dignas para la educación, y que generó nuevas formas de activismo convocado por redes sociales, como los *flashmobs* que surgieron de manera espontánea y que popularizaron al movimiento pingüino y le dieron un cariz único, lúdico y moderno.

Pero a la vez, los nativos digitales tienen poca capacidad de sobreponerse a la frustración y, muchas veces, evaden las responsabilidades personales, dejando en manos de la masa o de la asamblea la toma de decisiones. Aunque parecieran mostrarse muy seguros de sí mismos, muchas veces esa seguridad está enmarcada en su personaje en red o avatar, más que en su propio carácter. Pero es justamente el asambleísmo que practican lo que los lleva a marcar un rumbo cooperativo, donde construyen esta nueva sociedad con otros. No confundir esta fórmula con el trabajo en equipo. Es distinto, pero se asemeja, en un sistema que se está creando y que busca el trabajo conjunto para establecer contextos innovadores que permitan la búsqueda de nuevas fórmulas de gobernanza y democracia.

Los jóvenes de hoy viven insertos en la cultura de lo inmediato, la cultura del *delivery*, donde todo se obtiene a la puerta de la casa y de manera rápida. Esta fórmula marca su estilo de vida y de consumo. No es raro ver a un joven pidiendo un taxi a la puerta y preguntarle "¿Por qué no te vas en transporte público y te ahorras ese dinero?", a lo cual te responderán "Mi tiempo vale más que el valor de la carrera del taxi". Y claro, los más viejos somos nacidos en la época en que el dinero había que cuidarlo, los bienes eran escasos y si teníamos piernas, se caminaba. Sin embargo estas generaciones nacieron en un contexto diferente, con medios tecnológicos y de comunicación a su alcance, y le sacan partido al máximo. Consideran a la tecnología como parte de su vida cotidiana y no sólo como un mecanismo de comunicación, sino también de socialización. Tienen una enorme capacidad multitarea, no piensan de manera lineal ni quieren la estructura tradicional, con una clara orientación hacia su desarrollo personal. Quieren ser exitosos, muchas veces entendiendo el éxito como fama y dinero, buscando la gratificación inmediata. De ahí surge ese impulso por emprender desde muy jóvenes, pero les cuesta ser constantes cuando el triunfo no es inmediato. Han nacido y crecido con los medios digitales y están asociados a estos dispositivos al punto que su cerebro funciona también de manera diferente. Son hábiles eliminando las distracciones, ignorando la información no relevante, eligiendo sólo aquello que les interesa. Responden mejor a contenidos dinámicos que estáticos e interactúan mejor con más cantidad de información, con caos y confusión.

Como educadores nos cuesta entender que convivan con los *smartphones* como si fuera una extensión de su propio cuerpo y que los usen para solucionar absolutamente todos sus temas de información. Nos cuesta hacernos la idea de que tienen en sus manos una herramienta poderosa de acceso a la información y al conocimiento y tendemos a suprimirlos pensando que solo son distractores. Aquí es donde debemos hacer un click en nuestros cerebros y cambiar nuestro propio paradigma como formadores: Debemos ser capaces de insertar los celulares en la sala de clase, no truncar lo que ello significa para la educación moderna y el tremendo aporte que representan en la educación de las nuevas generaciones. Quitarlo de sus manos, eliminarlo de la sala de clases, recuerda la época en que a los zurdos se les amarraba la mano izquierda a la silla para que aprendieran a escribir con la derecha… simplemente un absurdo para nuestra época, que se entiende en el contexto de un tiempo diferente, pero no del siglo XXI. Quizás en el futuro nuestros descendientes mirarán para atrás y dirán "¡¿Cómo es posible que les quitaran los celulares y no los utilizaran en clases?!" y es claro que su potencial es enorme y que despreciar esa verdad es tirar a la basura una oportunidad gigante de hacer crecer a los estudiantes y de crecer con ellos nosotros también.

Según Manovich (2013) y Alonso (2015) existen algunas características que tienen las nuevas generaciones, y algunos contextos, que hacen que se distingan de las anteriores generaciones en su forma de acceder a la información y, por lo tanto, al aprendizaje. Algunas de estas son:

1. La autodidaxia: Los nativos digitales pueden prescindir de la mediación de un profesor, porque ellos mismos se hacen cargo de su aprendizaje a través de la red, dándole cierta responsabilidad de mediación a esta. Los jóvenes aprenden por su cuenta, sobre todo cuando están decididos a hacerlo. No utilizan bibliotecas ni consultan a algún experto, simplemente van a los motores de búsqueda en la web, se dirigen a las redes sociales o ven un tutorial sobre el tema. Aunque ya no es privilegio de los jóvenes la autodidaxia, ya que sin duda todos hoy día lo hacemos.

2. Conexión permanente a la red: En el contexto digital en el que vivimos en la actualidad, debido a la presencia de internet en las casas, en las escuelas y en el trabajo, permite estar conectados todo el tiempo. Sin ir más lejos, en el primer mundo y cada vez más en todo el mundo, la conexión a WiFi está disponible en todas partes de manera gratuita: plazas, metro, centros comerciales, tiendas, buses, entre otros, ofrecen el servicio no sólo para atraer al público, si no también para facilitar el sistema de intercambio de bienes y servicios. Los *smartphones* han

cambiado las prácticas culturales del modelo, principalmente entre los jóvenes, que lo han incorporado a su forma de vida, haciendo que la conexión a WiFi sea una necesidad básica hoy por hoy.

3. Aprendizaje formal variado: Ya no es el aula el único lugar donde se aprende, hoy en día se ha abierto la posibilidad del *elearning*, y sus derivados, como una fórmula válida de educación, transformándose en una herramienta vigente para el estudio, que puede llegar a más personas por un menor precio. Esto permite que se caigan las barreras espacio-temporales y que los contenidos estén disponibles en cualquier lugar y a cualquier hora, lo que facilita el estudio en los tiempos que el estudiante requiera. Siendo el tiempo un bien preciado, la opción de ordenarlo a gusto para poder hacer varias cosas mientras se estudia, es una alternativa que muchas personas están tomando alrededor del mundo para lograr el ansiado aprendizaje.

4. La gamificación: El avance de los dispositivos y consolas digitales, han creado hábitos que no existían hace un par de décadas. Los videojuegos han evolucionado y hoy se encuentran en todos los dispositivos digitales disponibles, llegando a todo tipo de usuarios. La atracción que generan los videojuegos en los jóvenes, niñas y niños debe ser usada como recurso para la educación, debido a su gran potencialidad, en contraste con las clases tradicionales (victorianas) que los aburren, debido a la dificultad que ellos presentan de prestar atención durante largos periodos de tiempo, en algo que no resulta atractivo.

5. Los nuevos recursos digitales: Estos facilitan una mejor vinculación de los estudiantes a las simulaciones que recrean y construyen situaciones del mundo real, que les permite experimentar vivencias y situaciones que no están al alcance o serían peligrosas de vivir, y con las cuales pueden resolver problemas y proponer soluciones.

Cataldi y Dominighini (2015) señalan que: "El aprendizaje de estos jóvenes se puede facilitar, considerando que les resulta gratificante saltar de una cosa a otra, de un tema a otro y volver al anterior, y no centrarse solo en un tema. Esto probablemente producirá conexiones neuronales diferentes a las que se conoce, ya que se trata de saltos y cambios muy rápidos y de una nueva forma de estructurar sus caminos de aprendizaje."

Si lo anterior resulta verdadero, nos ubica a los docentes en un excelente lugar para trabajar la interdisciplinariedad e integrar saberes diversos en la solución de un problema, generando escenarios formativos que permitan enfrentar desafíos y generar respuestas más diversas, divergentes y creativas.

6. Entorno personal de aprendizaje (EPA o PLE)

Un entorno personal de aprendizaje (EPA) es un concepto que se refiere al conjunto de herramientas, recursos, estrategias y conexiones que un individuo utiliza para adquirir y desarrollar su conocimiento y habilidades. Un EPA se centra en el aprendizaje autodirigido y personalizado, permitiendo a las personas gestionar y controlar su propio proceso de aprendizaje.

El entorno personal de aprendizaje puede incluir una amplia variedad de elementos, tales como:

1. Recursos en línea: Esto abarca sitios web, blogs, videos educativos, cursos en línea, bibliotecas digitales y otras fuentes de información en línea que se utilizan para acceder a contenido relevante y actualizado.

2. Redes sociales y comunidades en línea: Las redes sociales profesionales, foros de discusión, grupos en línea y plataformas de colaboración permiten a las personas conectarse con otros aprendices, compartir ideas, obtener retroalimentación y colaborar en proyectos conjuntos.

3. Herramientas de productividad y organización: Incluyen aplicaciones y software para tomar notas, gestionar tareas, crear y compartir documentos, organizar información y establecer recordatorios para el aprendizaje.

4. Dispositivos tecnológicos: Estos pueden incluir computadoras, tabletas, teléfonos inteligentes y otros dispositivos móviles que facilitan el acceso a recursos y herramientas en línea en cualquier momento y lugar.

5. Bibliotecas y recursos físicos: Aunque el EPA se enfoca en gran medida en recursos en línea, también puede incluir libros, revistas, periódicos u otros materiales impresos que complementen el aprendizaje.

6. Mentores y expertos: Las interacciones con mentores, profesores, expertos en el campo y otros profesionales proporcionan orientación, conocimientos especializados y oportunidades de aprendizaje más personalizadas.

La idea principal detrás de un EPA es que cada individuo puede construir y adaptar su entorno de aprendizaje de acuerdo con sus necesidades, intereses y objetivos. Esto implica tomar decisiones sobre qué recursos utilizar, cómo organizarlos y cómo aprovechar las conexiones con otras personas para enriquecer el aprendizaje.

La tecnología desempeña un papel fundamental en la configuración de un EPA, ya que facilita el acceso a una amplia gama de recursos y conexiones. Sin embargo, es importante destacar que un EPA no se limita solo a la tecnología. También se trata de cultivar habilidades de autogestión, establecer metas de aprendizaje, reflexionar sobre el propio proceso de aprendizaje y adaptarse a medida que evolucionan las necesidades y los intereses.

Un entorno personal de aprendizaje es una combinación de herramientas, recursos, estrategias y conexiones que un individuo utiliza para dirigir su propio proceso de aprendizaje. Un EPA se basa en el aprendizaje autodirigido y personalizado, aprovechando la tecnología y otros recursos disponibles para adquirir y desarrollar conocimientos y habilidades de manera efectiva. Cada persona construye su propio EPA en base a sus propios intereses y va creciendo en conocimientos, especializándose en lo que le atrae y para lo cual sus talentos son más efectivos.

7. El Docente 2.0

El concepto de docente 2.0 se refiere a un profesor que se adapta y aprovecha las tecnologías digitales y las herramientas en línea para mejorar su práctica docente y promover el aprendizaje de sus estudiantes de manera más efectiva en la era digital. El docente 2.0 utiliza la tecnología como una herramienta integrada en su enseñanza, en lugar de considerarla simplemente como un complemento.

Algunas características y habilidades que definen al docente 2.0 incluyen:

1. Competencia digital: El docente 2.0 tiene habilidades sólidas en el uso de tecnologías digitales y está familiarizado con una variedad de herramientas, plataformas y aplicaciones educativas. Puede utilizar estas herramientas de manera efectiva en su práctica docente.

2. Enseñanza personalizada: El docente 2.0 reconoce que cada estudiante es único y tiene necesidades y estilos de aprendizaje diferentes. Utiliza las tecnologías para adaptar su enseñanza y proporcionar experiencias de aprendizaje personalizadas que satisfagan las necesidades individuales de sus estudiantes.

3. Curación de contenido: El docente 2.0 tiene habilidades para buscar, seleccionar y organizar recursos digitales relevantes y de calidad para enriquecer el proceso de enseñanza y aprendizaje. Puede utilizar plataformas y herramientas en línea para recopilar y compartir contenido relevante con sus estudiantes.

4. Aprendizaje colaborativo: El docente 2.0 fomenta la colaboración entre los estudiantes utilizando herramientas digitales. Puede utilizar plataformas en línea para facilitar proyectos grupales, discusiones y actividades colaborativas, promoviendo la participación activa y el intercambio de ideas entre los estudiantes.

5. Evaluación formativa: El docente 2.0 utiliza herramientas digitales para realizar evaluaciones formativas y brindar retroalimentación oportuna a los estudiantes. Puede utilizar plataformas en línea para crear cuestionarios, pruebas interactivas,

rúbricas digitales y otras formas de evaluación que ayuden a monitorear el progreso de los estudiantes y adaptar la instrucción en consecuencia.

6. Aprendizaje continuo: El docente 2.0 reconoce la importancia de mantenerse actualizado en cuanto a las tecnologías y las mejores prácticas educativas. Participa en actividades de desarrollo profesional relacionadas con la integración de la tecnología en el aula y está dispuesto a explorar y experimentar con nuevas herramientas y enfoques.

El docente 2.0 no solo se limita a utilizar tecnología por el simple hecho de hacerlo, sino que la utiliza estratégicamente para mejorar la experiencia de aprendizaje y potenciar el desarrollo de habilidades y competencias en sus estudiantes. Es consciente de que la tecnología puede abrir nuevas posibilidades de enseñanza y aprendizaje, y busca aprovechar esas oportunidades para crear un entorno educativo más enriquecedor y efectivo.

En la era digital los profesores deben cambiar sus formas de enseñanza haciendo fuerzas para que sus asignaturas sean más atractivas, incorporando los recursos de internet y toda la variedad de dispositivos digitales como parte de sus medios y recursos de enseñanza.

En consecuencia, el rol del docente en la actualidad debe promover el desarrollo de la autonomía en el estudiante frente al aprendizaje, entendiendo la nueva manera de enfrentarse al conocimiento y a sus propias necesidades de desarrollo de habilidades. Así también, debe fomentar el asumir responsabilidades en contextos de formación o en contextos laborales. El docente debe ser capaz de enseñar métodos y estrategias que faciliten en los estudiantes la construcción de sus propios aprendizajes, de una forma que valore la colaboración, así como el manejo eficaz de la información y el conocimiento. Debemos movernos rápidamente hacia una práctica pedagógica que le permita generar entornos de aprendizaje que motiven a sus estudiantes, de una forma distinta a la tradicional transmisión de contenido y más cercana, para desafiar los intereses de los estudiantes, sus capacidades y que esto los mueva a buscar el conocimiento, en conjunto con otros, en búsqueda de metas y resolución de problemas.

Estas nuevas fórmulas desafían al docente a aprender de su propia práctica, adaptándose al cambio, siendo flexibles, considerando que deberá actuar de manera diferente en adelante.

8. Las TIC ¿o TAC?

En educación se suele confundir el acceso a nuevas tecnologías y herramientas pedagógicas con modelos educativos novedosos. Si bien la sociedad se encuentra sumergida en una era digital, no basta para aprender y enseñar utilizar las tecnologías, sino aprender a ser competente digitalmente; instruir en competencias y no únicamente el manejo de las tecnologías. De ahí surge la necesidad de crear nuevas alternativas para el desarrollo formativo y personal de los estudiantes en la medida que avanza la sociedad. Citando a Bauman (2007) "Aún debemos aprender el arte de vivir en un mundo sobresaturado de información. Y también debemos aprender el aún más difícil arte de preparar a las próximas generaciones para vivir en semejante mundo."

Vivimos en la era digital, la que se caracteriza por el alto nivel de tecnologización y digitalización del mundo, basado en el desarrollo continuo de tecnologías y el acceso a internet; como señala Castells (2006), hemos pasado de participar y vivir en sociedad, a vivir en una sociedad en red hiperconectada o en una aldea global como señaló mucho antes McLuhan (1962). En el ámbito académico, el valor del conocimiento está cambiando y debemos ser capaces de desarrollar nuevas capacidades y estrategias de enseñanza y aprendizaje que permita enfrentar los desafíos del futuro.

Ante estos cambios, el papel del docente en esta era digital, se estructura en asumir un rol de organizador, guía, generador, acompañante, gestor del aprendizaje, orientador, facilitador, tutor, dinamizador o asesor; esto asumiendo el cambio necesario de olvidar el concepto de profesor como fuente única de conocimiento, como veremos más adelante. Briede, et al. (2015) señala que la tecnología incorporada al plan de estudio crea experiencias personalizadas para cada estudiante transformando el aula en un entorno de aprendizaje colaborativo.

Es innegable que las TIC se han convertido en parte fundamental en la vida cotidiana en la actualidad, con una presencia en el mundo familiar, social, laboral y, por su puesto, académico; la relación entre el uso de dispositivos digitales y aprendizaje ha llamado altamente la atención y ha orientado las diversas metodologías a dispositivos tecnológicos que facilitan el proceso de enseñanza y aprendizaje.

Lozano (2011), redefine las TIC como TAC, con un sentido pedagógico, hacia unos usos más formativos, con el objetivo de aprender más y mejor. Rebautiza las famosas "Tecnología de la información y las comunicaciones", y las llama "Tecnologías del aprendizaje y del conocimiento", haciendo referencia a que debemos dejar de ver los aparatos como instrumentos de apoyo, y evolucionar a la incorporación de estos como parte fundamental e inalienable del proceso educativo, y plantea que "(...) el modelo TIC es excesivamente informático, instrumentalista y poco motivador para aquello que los profesores y estudiantes (y me atrevo a extender a ciudadanos) actuales necesitan, y que pueden aprender a utilizar. Incluso vinculan el modelo TIC con la sociedad del siglo XX y el modelo TAC con la del siglo XXI".

Las TIC surgen como un apoyo para el docente desde la tecnología, sin embargo cuando los aparatos tecnológicos son concebidos como instrumentos externos a nuestra clase o simplemente como apoyo, entonces pierden todo sentido y no se diferencian del clásico pizarrón o del cuaderno. Sin lugar a dudas las TIC son parte de nuestro proceso educativo, pero ¿Les sacamos todo el partido posible para que nuestros estudiantes aprendan más?

El concepto TAC abre la mente a un mundo de posibilidades, donde la tecnología ya no sólo es un apoyo para la clase, sino un elemento tan importante como el mismo profesor. Si logramos comprender lo que hemos visto en este libro sobre el Conectivismo, sobre cómo aprenden los estudiantes de hoy y sobre el rol del Docente 2.0, sin duda entenderemos que el concepto de TAC se ajusta mucho más a lo que estamos viviendo en un mundo tecnologizado y donde el conocimiento no está únicamente en manos de los docentes.

Tenemos un desafío académico importante al adaptar las metodologías tradicionales a una educación online. Si bien lo tuvimos que hacer de manera forzosa, debido a la pandemia, no necesariamente hemos llevado la educación a nuevos lugares ni la hemos modernizado. Sin duda que el cambio debe ser gradual, pero es importante tener siempre en cuenta que la educación a distancia no se trata de enviar material a los estudiantes y replicar la clase de siempre a través de una pantalla, sino diseñar un sistema que oriente, apoye y retroalimente de manera oportuna y eficaz a los estudiantes para que aprendan y, lo que es más difícil, implementarlo de manera exitosa, para que nuestro sistema educativo vaya avanzando hacia un nuevo paradigma ad-hoc con lo que vive nuestra sociedad del siglo XXI.

9. Teoría de la Comunicación en dos aulas

La comunicación está presente desde siempre en el ser humano y también en algunos animales. Es la forma en que nos damos a entender como especie y nos permite interactuar como seres sociales. Con la invención del telégrafo aparece la Teoría de la Comunicación, que explica que un mensaje saliente en el punto A, debe llegar al punto B de igual manera, o al menos de forma entendible. El año 1948, Claude Shannon y Warren Weaver publican la "Teoría Matemática de la Comunicación" la cual señala que existe un emisor, quien envía un mensaje a través de un medio o canal para que sea recibido por un receptor. Este receptor, a su vez, devuelve lo que llamamos retroalimentación, de tal forma que el emisor comprenda si su mensaje está llegando de manera adecuada o no al receptor. Entremedio existe lo que llamamos ruido, que puede ser de variadas maneras: puede ser sonoro, como visual, sensorial o en la conexión. En el caso de la comunicación digital puede ser un problema al cargar un software, en la conexión a internet, o simplemente puede ser una mala ubicación de la cámara web, en el caso de una videollamada, por ejemplo. La teoría de la comunicación se aplica a todo tipo de formas de comunicación.

Esquema de la Teoría de la Comunicación

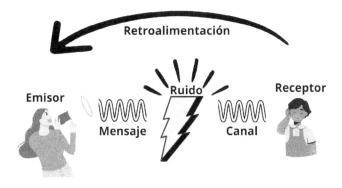

Imagen 2: Teoría de la Comunicación

En el caso de las clases híbridas debemos entender que lo que hacemos es enviar un mismo mensaje, por dos canales diferentes de comunicación. Aquí radica la complicación en la comunicación, ya que son dos aulas distintas en las cuales se desarrolla la clase: el aula presencial y el aula virtual.

Los docentes fuimos preparados para hacer clases presenciales con estudiantes en vivo y en directo, nuestro mensaje llega de forma instantánea y la retroalimentación también vuelve muy rápidamente, con lo que el docente se percata de si efectivamente está funcionando o no está funcionando la clase que está realizando. Se puede ver en los gestos de los estudiantes, en la actitud, en la forma de comportarse, en cómo responden o no a la materia que se está entregando como contenido. Durante la pandemia del COVID-19 tuvimos que enfrentarnos a una complicación mayor: tener que trasladarnos forzosamente desde el aula presencial al aula virtual, sin ningún tipo de capacitación ni preparación para eso. Muchos colegios e instituciones pudieron continuar haciendo clases gracias a la tecnología con la que contaban, tanto los docentes, como los estudiantes. Esas instituciones que pudieron seguir haciendo clases, trasladaron el aula presencial al aula virtual, en general, sin problemas, sin embargo la falta de capacitación para desarrollar clases virtuales, y la inminente urgencia de seguir transmitiendo los contenidos, los obligó a improvisar, viéndose forzados a lograr resultados rápidos, con la presión de apoderados, de su institución y/o de ellos mismos para lograr un buen cometido.

En el caso de las instituciones que generan educación *e-learning*, estas se encargan de capacitar a sus docentes para poder hacer las clases virtuales, los preparan y ensayan sus clases hasta lograr el objetivo, previamente a hacerse cargo de las clases. En el caso de la inmensa mayoría de los colegios y escuelas que tuvieron que pasar a hacer clases a distancia, no existió una capacitación acorde, lo que los enfrentó obligatoriamente a una forma de hacer clases que antes no habíamos visto y para la cual no estábamos preparados. Muchos profesores jamás habían tenido siquiera una videoconferencia previamente, no conocían herramientas en la web para apoyar sus clases, que les permitieran generar actividades más atractivas. Sin duda muchos de ellos lograron el desafío y se reinventaron de manera rápida para poder generar clases efectivas, sin embargo una buena cantidad simplemente trasladaron el Powerpoint al computador para transmitirlo a sus estudiantes, sin mediar que el cambio era radical y la diferencia sustancial en la forma de enfrentar la clase. Para sumar complicaciones nos encontramos con que la retroalimentación en el aula virtual en general no resulta muy buena con los estudiantes: apagan sus cámara, apagan sus micrófonos, lo que genera que la mayoría de las veces nos encontramos con una muy mala retroalimentación de su parte, dejando al profesor en una pantalla negra, sin imagen ni sonido, donde el docente no logra saber si su mensaje está llegando a los estudiantes de la forma que busca. A esto se suma que el ruido en el aula virtual es mucho mayor que en el aula presencial, ruido que lo tenemos en todo momento, debido a la conexión muchas veces inestable, el retardo en la respuesta y, por supuesto, la poca interacción que demuestran los estudiantes. Esta complicación en la recepción de retroalimentación mínima, genera en los docentes una inseguridad tal, que simplemente se abocan a realizar clases expositivas a la espera de la respuesta de algún estudiante y con la imperiosa necesidad de "pasar la materia" de acuerdo a la exigencia del programa anual y la escasez de tiempo.

Pero la mayor dificultad de todas, se hace patente al momento de querer unir el aula presencial y el aula virtual en una sola clase. Al unir ambas aulas en las llamadas Clases Híbridas, nos encontramos con dos medios diferentes para transmitir el mismo mensaje de manera simultánea. Es un mismo docente, que intenta hacer una clase simultánea en dos aulas a través de dos medios distintos, sin tener necesariamente las capacidades para hacerlo. Y no es por incompetencia, simplemente es falta de conocimiento, radicado principalmente en que para ambas aulas son lenguajes diferentes.

En su "Guía para el desarrollo de Clases Híbridas", la Universidad de la Frontera, Chile (2021), define este formato como "(...) aquel donde las actividades de enseñanza-aprendizaje se desarrollan de manera simultánea para un grupo de estudiantes que asiste de manera presencial, y otro que participa de forma remota, gracias a la tecnología empleada en la habilitación de un espacio físico para estos fines, que permite que la sesión se desarrolle con la interacción entre estas dos audiencias y el o la docente". Las clases híbridas serán, por tanto, un modelo de instrucción que combina elementos de la clase presencial y el aprendizaje en línea.

Como decíamos, se caracteriza principalmente por tener dos aulas diferentes en simultáneo:

1. El aula presencial: Es la más tradicional de todas, la que todos conocemos y por donde todos hemos pasado. En ella el docente dicta la clase de manera presencial, con estudiantes en vivo, mientras transmite al aula virtual en simultáneo. Sin embargo existe una alternativa que consiste en que el docente realiza la clase de manera remota hacia una aula presencial, dónde están los estudiantes poniendo atención, y al mismo tiempo se transmite a los que están también en sus casas. Esto se vió muchas veces en casos de profesores que fueron contacto estrecho de COVID-19, que tuvieron que quedarse en la casa por precaución, sin embargo pudieron seguir realizando sus clases con normalidad desde su casa. Esta fórmula es mucho más compleja ya que requiere un segundo docente o asistente mediador que puede estar presente en la sala presencial para acompañar a los estudiantes y para hacer de intermediario entre el profesor y estos últimos. Los profesores sabemos hacer clases en el aula presencial, hemos sido educados para eso y, por lo tanto, sin querer tendemos a darle prioridad a esta aula por sobre el aula virtual, ya que nos manejamos en ella sin problemas.

Imagen 3: Clase presencial con docente remoto.

2. El aula virtual: Es la sala de clases para la que no estamos preparados, requiere de mucha atención a detalles técnicos que debemos tener siempre presentes y donde el lenguaje audiovisual es fundamental. Los estudiantes habitualmente se sienten perjudicados respecto al aula presencial ya que vivencian, por razones lógicas, que el profesor les da menos atención sin darse cuenta, debido principalmente a que el profesor, como decíamos antes, está preparado para hacer una clase presencial, pero no una virtual, y menos ambas al mismo tiempo. Se suma a esto las dificultades técnicas que conlleva hacer una clase virtual, lo que llamamos ruido y que complicará mayormente la realización de una actividad como ésta, debido a que el docente tendrá que estar pendiente de hacer su clase presencial y al mismo tiempo resolver los conflictos técnicos que pudieran provocar la transmisión.

El principal problema que han vivido los docentes que se han dedicado a las clases híbridas, es la frustración y el cansancio. Esto se debe, principalmente, a que no logran hacer que en ambas aulas aprendan lo mismo, generando ansiedad en los estudiantes, apoderados y en ellos mismos.

Lo que no muchos han comprendido es que esto ocurre principalmente porque ambas aulas tienen lenguajes diferentes. En esto radica el principal error que se comete y que lleva a que las clases híbridas no sean exitosas. Muchos creen que las clases híbridas se sustentan en la tecnología únicamente y se esfuerzan por comprar mejores equipamientos para seguir adelante. Sin duda la tecnología es fundamental, pero no es el principal problema: se puede hacer una clase híbrida con los mínimos recursos para transmitirla y puede ser efectiva. Pero ¿Cuál es el secreto de una buena clase híbrida? El secreto radica en **el lenguaje audiovisual y su gramática**. Entra en juego, entonces, la necesidad de capacitarse en aspectos que no se conocen muy bien, para entender cómo se obtiene el éxito.

En adelante este libro tratará principalmente sobre el lenguaje audiovisual y cómo solucionar las dificultades a las que nos vamos a enfrentar constantemente, para que nuestra clase híbrida sea efectiva y el aprendizaje ocurra en ambas aulas por igual.

10. Comunicación Audiovisual

Hemos hablado de la teoría de la comunicación y de cómo existen distintas formas de comunicarse a través de distintos medios. Comunicarse a través de distintos tipos de medios tecnológicos lo llamaremos "Comunicación Audiovisual". La comunicación audiovisual consta de tres partes para poder llevarse a cabo:

1. Tecnología: debe contar con equipamiento necesario para poder desarrollar una comunicación a distancia. Esa tecnología debe ir de la mano de los mínimos que se requieren para poder desarrollar una comunicación efectiva. En el caso de una sala de clases se requiere al menos un computador, una cámara web, un micrófono, un proyector de vídeo o una pantalla que todos puedan observar, y conexión a internet suficientemente rápida para poder realizar una videoconferencia múltiple.

2. Recursos Humanos: en este caso serán los docentes que deben estar capacitados para poder desarrollar una comunicación audiovisual. Idealmente contar con un asistente técnico o co-profesor que maneje la tecnología y que facilite al docente el desarrollo de la clase.

3. Lenguaje Audiovisual: al cual nos referiremos en extenso y que resulta fundamental para poder desarrollar una buena clase que logre el objetivo de comunicar y generar aprendizaje en los estudiantes que están en el aula virtual. El lenguaje audiovisual se divide en tres puntos: imagen, sonido y actitud. Desarrollaremos estos tres puntos a continuación:

a. Imagen: Consta principalmente de planos, encuadre y estética. Los planos tienen un rol fundamental en la comunicación ya que imprimen carácter a la imagen que se está transmitiendo. Existen Distintos tipos de planos, los más conocidos son los llamados Gran Plano General (GPG) Plano General (PG), Plano Americano (PA), Plano Medio (PM), Primer Plano (PP), y Primerisimo Primer Plano (PPP).

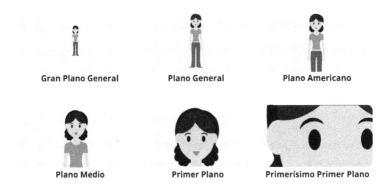

Imagen 4: Tipos de planos

El encuadre está relacionado directamente con la estética y dice relación con la composición que se le da al Plano, la intención y la cercanía con quién está de receptor.

De un tiempo a esta parte, como sociedad, hemos desordenado la forma de capturar un plano, al utilizar los teléfonos como cámaras en posición vertical. Si bien, algunas redes sociales privilegian este tipo de tratamiento de la imagen, las pantallas de los computadores, los televisores, así como los proyectores de video, siguen manteniendo su aspecto horizontal, incluso se han ido ensanchando en las últimas décadas, pasando de 4:3 a 16:9. Por lo mismo es fundamental que nos volvamos a acostumbrar a utilizar el encuadre de manera horizontal y, de esta forma, ocupar completamente la pantalla, para sacarle la máxima ganancia al espacio disponible.

Respecto a la imagen, es fundamental señalar que lo más importante está en que en ambas aulas vean lo mismo. Esto es lejos lo más importante en una transmisión de imagen, debido a que tenemos que transmitir un mensaje igualitario para ambas aulas. Por lo tanto, debemos evitar el uso de las pizarras tradicionales si nuestra cámara no es capaz de capturar lo que estamos escribiendo. Existiendo los recursos, sin duda la recomendación va por el uso de pizarras digitales que emulan perfectamente una pizarra tradicional, y que permiten que todo lo que se desarrolla en el aula presencial, pueda ser transmitido al aula virtual, logrando que los estudiantes que están conectados a la videoclase, vean exactamente lo mismo que el docente señala en la pizarra. Poder seguir haciendo la clase frente a la pizarra, como siempre se ha hecho, y al mismo tiempo estar siendo transmitida al aula virtual, facilita mucho el trabajo de los docentes. Sin embargo si no se cuenta con una pizarra digital, una alternativa muy útil y económica son las tabletas digitalizadoras, que permiten escribir sobre la imagen, que al ser proyectada parece la misma pizarra y, al mismo tiempo, permiten transmitir al aula virtual lo mismo que se está escribiendo en la tableta. A diferencia de la pizarra digital, la tableta requiere que el docente esté quieto y escriba sobre una superficie más bien pequeña y por lo tanto no se configura como una clase tradicional, sin embargo cumple la misma función y, por lo tanto, es muy útil al momento de hacer una clase más o menos similar a la tradicional. Ahora bien, si aún no se cuenta con esta herramienta, se pueden utilizar pizarras de uso gratuito en línea, que se pueden escribir con el *mouse* del computador.

Es fundamental corroborar todo el tiempo que en la clase virtual estén viendo lo mismo que están viendo en la clase presencial, por tanto, cada cierto tiempo, se debe preguntar a los estudiantes en sus casas si están viendo lo que se quiere que ellos vean. Eso significa que se debe hacer pausas cada cierta cantidad de tiempo. Se recomienda no más de cinco minutos en que se debe interactuar con ellos preguntándole si están recibiendo el mensaje que se está tratando de enviar a las dos aulas. Esto además contribuye a la retroalimentación que debe tener el docente, ya que sabremos si efectivamente en sus hogares están recibiendo el mensaje como corresponde. No se puede olvidar que existen algunos estudiantes que muchas veces participan y otros que participan muy poco. Generalmente serán los que más participan los que responderán e interactuarán con el docente. Es relevante, entonces, también preguntar a los estudiantes que son menos participativos, si están recibiendo el mensaje. Una fórmula para aquellos que les cuesta más la participación es pedirles que utilicen el chat de la videollamada, y respondan a través de este.

Es muy importante estar pendientes de lo que ven los estudiantes y por lo tanto las explicaciones deben ser muy claras para no confundir a aquellos que están en el aula virtual. Muchas veces, como docentes, tendemos a hacer explicaciones con nuestras manos, con nuestros brazos o simplemente explicaciones gestuales, qué, para quién está en el aula presencial resultan muy claras, sin embargo no lo es tanto en el aula virtual, si es que no hay una preocupación de hacer que efectivamente comprendan en sus casas lo que el docente intenta explicar. Esto muchas veces ocurre debido a que los docentes están acostumbrados a remarcar cosas o apuntar algunos aspectos importantes dentro de lo que se está explicando, sin darse cuenta que en el aula virtual no necesariamente están comprendiendo.

Imagen 5: Profesor apunta una pizarra, visto a distancia.

En la imagen 5 vemos cómo un profesor apunta una frase en el aula presencial sin embargo en el aula virtual no necesariamente llega ese mensaje con claridad. Por lo tanto resulta sumamente importante que se destaque lo que se quiere acentuar, de manera que en ambas aulas lo vean nítidamente. Esto significa que se debe utilizar algún tipo de puntero incluido en la transmisión o el mismo cursor del computador, para destacar las frases que se necesita que los estudiantes vean y se haga significativo para ellos.

Es importante grabarse a fuego en nuestra cabeza y hacerlo consciente todo el tiempo: lo más importante es velar porque en ambas aulas vean lo mismo.

b. El sonido en una videollamada: Tiene tres características fundamentales que son: Omnidireccional, Monofónico y Solo.

Omnidireccional significa qué el sonido será capturado desde todos los planos posibles. Eso significa que cualquier sonido, música, voces u otro, será capturado por el micrófono y será enviado a nuestra aula virtual, independientemente de donde venga y con la intensidad que se ha emitido. A diferencia del oído humano, qué es capaz de distinguir los planos de dónde viene un sonido y con qué intensidad se ha generado, el micrófono no es capaz de distinguir lateralidad, ni la ubicación, ni menos la intensidad. Por otra parte los seres humanos tenemos la capacidad no sólo de distinguir sonidos, sino que de discriminarlos: significa que podemos estar escuchando varias fuentes sonoras simultáneamente y ser capaces de concentrarnos en una sola para poner atención en esta, discriminando al resto de las fuentes sonoras y atendiendo a lo que nos interesa, entendiendo el mensaje con claridad, eliminando los ruidos. Cuando hacemos una transmisión y capturamos el sonido a través de un micrófono, su captura es omni, eso significa que no es capaz de discriminar, por lo tanto la captura empaqueta todo el sonido que haya en la sala presencial, todos los ruidos que se inserten en la sala presencial desde el exterior o desde el interior de ésta, y lo transforma en una masa sonora que se envía a la sala virtual dónde el receptor no es capaz de discriminar cuáles son los sonidos importantes y cuáles deben ser aislados.

Si nos damos cuenta, las veces que hemos desarrollado clases virtuales y los micrófonos de los estudiantes quedan abiertos, cuando varios de ellos simultáneamente generan sonidos, no somos capaces de entender lo que sucede y necesitamos pedirles que apaguen sus micrófonos y que los enciendan de a uno a la vez.

Monofónico hace referencia a la transmisión de un único sonido, a diferencia del Estereofónico (o stereo) en que se es capaz de distinguir dos fuentes distintas, una en cada oído. En el caso de la transmisión monofónica no existe esa posibilidad y por tanto, sólo se envía un mensaje sonoro compactado por un solo canal. Esto significa que nuestros oídos capturan exactamente el mismo sonido tanto a la izquierda como a la derecha. El que sea monofónico no debería afectar la calidad, sin embargo si a eso le sumamos que el sonido es capturado de manera omnidireccional nos da menos capacidad de distinguir de dónde viene el sonido y quién lo está emitiendo y, por lo tanto, es fundamental tener cuidado en la transmisión sonora que generamos. Junto a esto se suma qué los sistemas de videoconferencia múltiple cortan el retorno del audio emitido para el emisor, lo que significa que el docente no se escucha a sí mismo ni lo que está ocurriendo a su alrededor cuando está haciendo una clase virtual. Eso implica que, debido a la nula discriminación que el estudiante puede realizar en su casa, muchas veces no se entiende lo que se está transmitiendo. El ruido que se está generando en torno a la transmisión, está siendo captado por el micrófono y enviado a la sala virtual. Por lo tanto, al no tener retorno del sonido capturado en el aula presencial, el docente no tiene la capacidad de darse cuenta de la calidad de transmisión que se está realizando. Esto se transforma en una complicación para quienes están recibiendo el mensajes y se transforma en una dificultad que hay que tener en cuenta al momento de hacer una clase virtual, preocupándose en todo momento de cuidar el sonido que se está generando, para ser capaces de silenciar todo aquello que se puede transformar en ruido.

Solo, se llama en audio a una función que permite aislar un sonido y dejarlo como único. La capacidad de aislar un sonido la tiene nuestro cerebro, sin embargo todavía los equipos tecnológicos no son capaces de hacerlo dentro de un conjunto de sonidos para que al escucharlo podamos discriminarlo y, por lo tanto, debemos procurar mantener lo más silencioso posible el aula presencial para que todo sonido que se emita tenga la menor cantidad posible de ruido que complique el mensaje hacia el aula virtual.

Al igual que lo señalado en el punto Imagen, en el sonido debemos intentar que en ambas aulas escuchen lo mismo. Para esto, como se señalaba más arriba, debemos disminuir al máximo los ruidos que entran por ventanas y puertas, el roce del micrófono con una prenda de vestir, si es que el micrófono es de solapa, y los llamados Pops, qué son los ruidos que produce el aire qué expulsamos desde nuestra boca, al golpear el micrófono y que producen un molesto ruido. Sí sólo se cuenta con un micrófono que está incorporado en el computador, será importante tener cuidado con alejarse mucho de este, ya que al momento de alejarse, el sonido será capturado de mala manera por la distancia en que está la emisión respecto a la captura. Por lo tanto, el docente deberá mantenerse lo más cerca posible del computador en este caso. Si al contrario el docente cuenta con un micrófono de solapa o llamado Headset (algunos lo llaman "Chayanne" en honor al cantante que ocupa uno de esos) será factible que se pueda mover por el aula haciendo su clase. No obstante, en ambas alternativas, ya sea micrófono incorporado en el computador o micrófono portátil, para el Docente la dificultad mayor se presenta cuando los estudiantes del aula presencial quieran participar y lo que ellos digan no será capturado por el micrófono con la calidad que necesitamos para que sea bien recibido en el aula virtual. Por esto, una de las cosas fundamentales que debe tener claro el docente, es que debe repetir cada frase o pregunta que el estudiante presencial diga en la sala presencial, para que los estudiantes virtuales entiendan lo que está ocurriendo.

Por ejemplo, si un estudiante levanta la mano y hace una pregunta desde el fondo de la sala y el docente se encuentra al otro extremo, cerca de la pizarra o del computador, es muy probable que lo que haya dicho el estudiante no haya sido capturado por el micrófono de la forma correcta y, por tanto, en la casa no sepan lo que está sucediendo. Será importantísimo que el docente haga una pausa, repita lo que dijo el estudiante y luego continúe con la clase o la respuesta, según corresponda. De no hacerlo de esta manera, lo que generará será un atraso en quienes están en el aula virtual, motivando la interrupción de aquellos para entender lo que ocurre en la aula presencial, demorando la clase. Eso significa una pérdida de tiempo para el docente y, obviamente, deberá volver atrás en su clase. Es sumamente importante entonces estar atento a lo que dicen en el aula presencial y repetirlo para que en las casas lo tengan claro desde el inicio.

Igualmente como se explicó en el punto Imagen, es importante cada cierto tiempo estar deteniéndose para preguntar si en el aula virtual están escuchando bien y si el mensaje está llegando con claridad. Por tanto, cada aproximadamente cinco minutos, debemos hacer una pausa y preguntar si en la casa nos están escuchando como corresponde y si se está entendiendo el mensaje. Esto significa que se debe estar atentos a los comentarios que se realicen desde lo virtual y, para eso, es importante tener la posibilidad abierta de que los jóvenes, niños y niñas puedan hacer sus comentarios e interrumpir la clase en el caso de que algo no esté quedando claro. Lo más complejo de todo esto es que se le debe pedir a los estudiantes del aula presencial y del aula virtual que mantengan un silencio constante en la clase y que solamente hablen cuando se les permita hacerlo, de otra forma el aula virtual se verá perjudicada. Respecto a los sonidos y ruido que puedan ocurrir en el aula presencial, como señalamos más arriba es sumamente importante intentar que ambas aulas estén escuchando lo mismo y con la misma calidad. Ese debe ser el foco en este punto.

c. La actitud: consta de tres puntos fundamentales: la prestancia, la seguridad y la confianza. Estas dicen relación con la necesidad que deben tener los docentes para transmitir un mismo mensaje no sólo con lo que se dice o lo que se pueda escribir (imagen y sonido), sino también con la actitud corporal. El docente debe ser prácticamente un animador de televisión, debe ser capaz de encantar a los estudiantes que están en la sala presencial y en la sala virtual en simultáneo, pero con ciertos conceptos qué debemos tener claros para poder hacer nuestra transmisión al aula virtual con los puntos anteriormente señalados.

La prestancia significa que el docente debe saber pararse frente a la cámara y transmitir el mensaje de la forma correcta. Esta prestancia requiere manejar los conceptos anteriormente señalados de imagen y sonido. A la vez es importante que el docente se muestre seguro y que no titubee al momento de estar haciendo su clase, ya que eso genera confianza en los estudiantes y, por supuesto, baja la ansiedad, qué es uno de los puntos más importantes en una clase híbrida.

La actitud pareciera menos importante, sin embargo tiene una trascendencia lógica, qué tiene que ver con el mensaje correctamente transmitido en su conjunto. La actitud corporal que se utiliza al tiempo que se envía un mensaje sonoro y visual, requiere tener claro algunos puntos que son fundamentales al momento de transmitirla:

1. Evitar siempre dar la espalda a la cámara. Es muy importante que los estudiantes se sientan considerados. Muchas veces, acostumbrados a hacer clase presenciales, los docentes olvidan que en una clase híbrida tienen estudiantes en la casa y que requieren de la misma atención.

2. Tratar a la cámara como un estudiante más. En general, al hacer una clase presencial, los docentes están acostumbrados a hablarle a los estudiantes a los ojos y darles explicaciones a cada uno de manera individual. Se debe intentar hacer lo mismo con quienes están en la casa. Por lo mismo, de vez en cuando, es importante acercarse y mirar a la cámara. En el caso de contar con una cámara independiente del computador, se debe intentar ponerla lo más frontal posible a la pizarra para utilizarla, haciendo la idea de que la cámara es otro estudiante presente. Cuando se le habla a la cámara directamente mirando el lente, lo que estamos haciendo es mirar a los estudiantes que están en su casa a los ojos. Este punto resulta relevante, ya que debemos procurar que el estudiante en su casa sienta que está siendo considerado en la clase.

3. Que nadie se sienta en desventaja. Inevitablemente el estudiante que está en el aula virtual se siente en desventaja respecto al que está en el aula presencial, por lo tanto como docentes debemos hacer todo lo posible para que esto no ocurra. Al hablarle a la cámara lo que se logra es transmitir seguridad y compromiso con el estudiante, que no puede estar de manera presencial, pero que, comprendiendo las limitaciones que existen, se siente considerado.

Una de las cosas más importantes es que en ambas aulas los estudiantes sientan que se les considera por igual y que el docente está preocupado de que el aprendizaje ocurra sin importar la distancia física.

11. Tips para una buena clase híbrida

Existen muchos tips que pueden ser de utilidad al momento de desarrollar una clase híbrida. Si bien en la medida que se van realizando este tipo de clases, se van descubriendo algunos factores que son importantes para que el resultado sea exitoso, a continuación se presentan algunos detalles que es bueno considerar cuando el docente desarrollará una clase de este tipo:

1. Conectar ambas aulas primero: Resulta fundamental que, al igual como quienes están en el aula presencial se percatan de que el docente está en la sala y va a empezar la clase, quienes se encuentran en el aula virtual también lo hagan.

Es claro que quienes están lejos de la sala física tienen un único medio de saber lo que está pasando y ese es estar presentes en la videollamada. Por lo mismo lo primero que debe hacer el docente al llegar al lugar donde se desarrollará la clase híbrida, es conectarse a la videoclase y preocuparse que los alumnos del aula virtual también lo hagan.

Una vez que el docente ha realizado esta tarea, puede introducir la clase o simplemente conversar con quienes están presentes, antes de iniciar su trabajo. Cuando un estudiante está lejos esperando la clase virtual, mirando su reloj y dándose cuenta que aún no logra conectarse o la sesión no se inicia, se impacienta y comienza a desesperarse.

La tranquilidad que le entrega al estudiante saber que ya está dentro del aula virtual listo para iniciar, aún el docente se encuentre esperando para hacerlo, baja consistentemente los niveles de ansiedad y permite que este se disponga a la clase de la mejor manera posible.

2. Bajar la ansiedad: Al igual que se logra conectando primero ambas aulas, durante toda la clase se debe estar preocupado de bajar la ansiedad, principalmente entre quienes están en el aula virtual. Es claro que quién está detrás de un aparato electrónico dispuesto a la clase, aunque esté muy concentrado, no tiene la visión

completa de lo que ocurre y, como se señala más arriba, tampoco debe estar escuchando del todo bien. Los sentidos están siendo dirigidos por el medio tecnológico que utiliza, por lo que sólo ve el ángulo que el profesor le está mostrando y escucha un sonido empaquetado. Esto, muchas veces, tiene como resultado índices de ansiedad, ya que debe hacer un mayor esfuerzo que sus compañeros presenciales por entender y, muchas veces, no lo logrará del todo.

Aquí entra la estrategia del docente de estar constantemente preguntando hacia los que están de manera virtual, si están comprendiendo o siguiendo la clase sin dificultades. Son necesarias, entonces, las detenciones periódicas para hacer partícipes a los estudiantes virtuales, así como la estrategia de estar mirando la cámara constantemente, mantenerse cerca del micrófono, repetir los comentarios que aparecen en la clase presencial y especialmente atento a las interrupciones que puedan venir desde los que están en el aula virtual. Todo esto, por supuesto, sin descuidar a quienes están en el aula presencial, para evitar su distracción y aburrimiento. Será, entonces, el docente quién deberá buscar herramientas de seguimiento que mantengan a ambas aulas interesadas, atentas y aprendiendo. Bajar la ansiedad es una de las estrategias más importantes para lograr que la clase sea exitosa.

3. Trabajo comunitario: Generar espacios de trabajo comunitario ayuda a que los estudiantes aprendan entre pares. Obviamente se dificulta cuando existe un aula virtual, donde todos quienes están en ella se encuentran en diferentes lugares. Por lo mismo se deben buscar herramientas que los conecten para hacer tareas conjuntas. Algunas aplicaciones de videollamada tienen la posibilidad de hacer grupos, donde quienes están en su casa, pueden interactuar con sus pares al tiempo que el profesor puede estar haciendo seguimiento a los grupos. Esto puede ocurrir al mismo tiempo que se hacen grupos en el aula presencial. Otra alternativa son las aplicaciones que se trabajan en grupo a distancia. Las hay para rellenar escritos, fórmulas, dibujos, presentaciones y una diversa gama más. De esta forma los estudiantes en el aula virtual no se sienten solos y pueden apoyarse mutuamente para el caso de entender mejor la materia.

4. Tecnología al alcance de la mano: Muchas veces una sola cámara o un solo micrófono puede resultar poco equipamiento para realizar una clase virtual. Sabemos que el ideal es contar con el equipamiento adecuado, pero la mayoría de las clases que se realizan de manera híbrida sólo cuentan con un PC, con su cámara montada y micrófono incorporado. Entra, entonces, el factor creativo. Una alternativa es sumar uno o más celulares a la videollamada. Por ejemplo, el profesor puede estar haciendo la clase desde su PC y al mismo tiempo conectar su celular como si fuera un estudiante más. Esto permite que utilice la cámara del celular para mostrar detalles de la explicación (pizarra, libro, material, trabajo que estén realizando sus compañeros presenciales, entre otros) y, de esta manera, contar con un recurso que está a la mano y que se transforma en una potente herramienta para mejorar la clase.

Lo mismo se puede hacer si cuenta con una tableta digitalizadora, una tablet tradicional, un segundo PC o cualquier elemento que pueda sumarse, incluso celulares de los compañeros. He visto a los profesores de arte haciendo uso de cámaras web externas o sus propios celulares para dar una visión desde otro ángulo a lo que están desarrollando, con un resultado óptimo, ya que el estudiante en su casa puede discriminar entre las cámaras existentes para tener otras miradas de la clase.

5. Recursos de aprendizaje: Existen una infinidad de recursos que pueden ser útiles, muchos de ellos fáciles de aplicar y, otros tantos, que deben ser estudiados para aplicarlos, tales como:

- Instrucción invertida o Flipped Classroom: implica que los estudiantes completen la lectura, la preparación y la introducción en casa. Luego, durante la clase, los estudiantes practican las preguntas que suelen hacer como tarea.

- Aprendizaje basado en el juego: Los estudiantes aprenden habilidades cognitivas, sociales y físicas durante las tareas de juego. El docente puede liderar tareas con objetivos específicos o juegos no estructurados dirigidos por los estudiantes.

- Aprendizaje basado en proyectos (ABP): Requiere que los estudiantes dediquen una cantidad significativa de tiempo a un solo proyecto para obtener un conocimiento profundo de la tarea. Los proyectos deben ser personalmente significativos y permitir a los estudiantes la libertad de investigar áreas de interés.

- Aprendizaje basado en problemas: es un método de enseñanza en el que los problemas complejos del mundo real, se utilizan como canal para motivar el aprendizaje de conceptos y principios, en contraste a la exposición tradicional directa de hechos y conceptos.

- Aprendizaje asociativo: Ocurre cuando a un estudiante se le presentan varias ideas que se refuerzan entre sí. En clase, esto significa presentarles a los estudiantes diferentes materiales de motivación para ayudarlos a recordar un hecho o una materia.

- Aprendizaje cooperativo: Es una estrategia de enseñanza que involucra a los estudiantes trabajando juntos en lugar de competir. Esto ocurre, a menudo, en grupos pequeños, donde el éxito del grupo depende de que los estudiantes trabajen juntos para lograr un objetivo común.

- Gamificación: Incluye la aplicación de elementos del juego en las lecciones. Puede ser tan simple como crear un cuestionario a partir de un acertijo matemático.

- Aprendizaje combinado: Incluye una mezcla de enseñanza en línea y aprendizaje presencial. Esta estrategia se puede utilizar haciendo que los estudiantes participen en parte en su instrucción en forma de tareas en línea y en parte en clase. Se utiliza mucho para estudiantes a distancia o rurales.

Estas herramientas pueden ser un apoyo al docente híbrido y resultar útiles para mejorar la clase en ambas aulas.

En cualquier caso, hacer clases híbridas no es fácil: resulta desgastante y muchas veces implica una planificación diferente por parte del docente, sin embargo sabemos que el futuro de la educación cada vez más se acerca a este formato, donde desde cualquier parte del mundo un estudiante puede estar presente, incluso en diferentes centros de estudio, significando que la educación puede ser llevada a nuevos niveles, democratizando el aprendizaje y caminando hacia un mundo mejor preparado, donde nuestro aporte sea significativo para dotar de conocimientos a muchos niños, niñas y jóvenes que hoy no cuentan con acceso a la educación o que, muchas veces, están impedidos de acercarse por razones geográficas o climatológicas. También es una manera de reducir los costos y acercar grandes instituciones educativas a estudiantes que jamás pensaron podrían acceder a ellas.

Es de esperar que este libro sirva para dar pequeñas claves a los docentes y les permita llevar a cabo una nueva forma de transmitir conocimientos y lograr aprendizajes profundos y significativos en los estudiantes, para así construir juntos un mundo mejor.

Apéndice del autor: Biografía o cómo llegué a las clases híbridas

Corría el año 1995 y me disponía a hacer mi tesis para graduarme de "Comunicador Audiovisual" en el Instituto de Artes y Ciencias de la Comunicación IACC, posteriormente conocido como UNIACC. El tema elegido: "La Aventura de Aprender", clases de refuerzo escolar a través de la televisión.

Desde muy chico la educación me llamó la atención, principalmente la formación de personas. Es así como desde los 15 años comencé a ser dirigente scout, a cargo de grupos de niños de entre 9 y 11 años. Si bien los dirigentes deben ser adultos, la necesidad y escasez de gente disponible en ese momento llevó a que me autorizaran a estar a cargo siendo sólo un adolescente. Fueron años de mucho aprendizaje que me llevaron a transformar el escultismo en mi pasión, la que continúa hasta hoy día como formador de niños, niñas y adultos.

Sin embargo, las comunicaciones me apasionaban, principalmente debido a que mi padre se dedicaba a eso como publicista y director de televisión, siendo dueño de una productora audiovisual muy exitosa en los años '80, con la cual hicieron grandes programas de televisión y recibieron muchos premios. A mediados de los '70 mi padre se ganó una beca para hacer un *Master of Fine Arts* (Cine) en la *New York University*, lo que significó que nos mudáramos durante dos años a vivir en Manhattan.

Las comunicaciones siempre fueron parte de mi vida, nací entre cables y equipos. Mi padre tenía una cámara de cine 16mm con la que hacía publicidad y con los restos de película que le quedaban haciendo spots, filmaba escenas familiares en la casa. En una de las primeras imágenes que tengo, con apenas un año de vida, aparezco encaramándome en un trípode de cine, simulando que soy un camarógrafo, aunque recién aprendía a caminar.

Imagen 6: Artemio camarógrafo

Por eso, al salir del colegio el año 1990, el paso obvio era dedicarme a las comunicaciones y, alentado por mi padre y mi madre, entré a estudiar Comunicación Audiovisual. La verdad es que lo disfruté bastante, explotando la creatividad y mis dotes artísticos. En esa época todo era análogo y uno debía arreglárselas con muy pocas cosas para hacer videos y cumplir con los trabajos de los ramos. No obstante, el bichito de la educación me había picado tempranamente y, al momento de hacer mi tesis, mezclé lo audiovisual con lo educativo, para generar un producto híbrido llamado "La Aventura de Aprender".

"La Aventura de Aprender" consistía en un programa experimental de televisión interactiva donde, por primera vez en Chile, los espectadores eran los protagonistas desde sus casas. Cuatro profesores de materias tradicionales, lenguaje, matemática, ciencias e historia, abrían el espacio televisivo invitando a los estudiantes escolares a comunicarse con el programa vía telefónica, y hacer sus consultas, una especie de escuela de reforzamiento abierta a la comunidad.

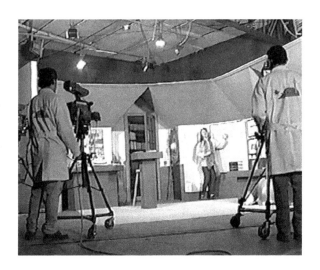

Imagen 7: Set de televisión de "La Aventura de Aprender"

La idea se insertó en un naciente canal de televisión llamado "Gran Santiago Televisión", que por primera vez en Chile transmitía por la banda UHF en libre recepción, en el dial 22 ¡Y fue un éxito! de lunes a viernes los estudiantes no dejaban de llamar y hacer sus consultas, las que eran respondidas por los profesores en vivo, y la cantidad de mensajes, fax y cartas que recibíamos diariamente eran enormes. El tiempo era poco para la demanda de consultas que teníamos y se hacía imprescindible seleccionar aquellas preguntas que ayudaran a la mayor cantidad de público, ya que el programa era un servicio a la comunidad escolar, principalmente en el rango de estudiantes de la educación pública quienes, muchas veces, no tenían como resolver dudas y apoyar su estudio. No olvidemos que en esa época no habían celulares disponibles para todos, no teníamos internet y el único lugar donde uno podía ir a buscar información era la biblioteca o, si tenías recursos, algún profesor particular que apoyara los estudios, cosa que no estaba al alcance de la inmensa mayoría de los estudiantes.

La audiencia fue tremenda para un canal tan pequeño y regional: alcanzábamos 1 punto de rating diario en promedio, eso significaba, en esos momentos, alrededor de 43.000 espectadores simultáneos, lo que multiplicado por un mes llegaba a 860.000. Y el broche de oro lo puso el Ministerio de Educación, cuando calificó el programa como "Altamente Educativo", instalándolo como un espacio de aporte al aprendizaje de los estudiantes y recomendándolo en medios de prensa, para que fuera sintonizado a diario.

Esta experiencia interactiva, precaria y simple, me llevó a entender que la educación podía caminar por un carril diferente, que era posible pensar en una fórmula distinta para que los estudiantes complementaran sus estudios, de forma que no fuera necesario salir de la casa ni recorrer grandes tramos en busca de información relevante para apoyarse.

Lamentablemente en ese momento no existía la tecnología que permitiera siquiera soñar con lo que podemos hacer hoy en cuanto a clases virtuales o híbridas. Sin embargo, experimentar en el tema educativo, tecnológico y audiovisual me llevó a dedicar gran parte de mi tiempo a desarrollar otros programas educativos, siendo catalogados cinco nuevos programas como "Altamente Educativos" por el Ministerio de Educación.

El año 2000 se vendió el canal y dejé de trabajar ahí. Con mi padre instalamos una nueva productora audiovisual y seguimos ligados a la televisión trabajando de manera independiente para casi todos los canales de libre recepción que existen en la frecuencia VHF.

Este giro hacia la independencia, y la creciente migración de lo analógico hacia lo digital, me inspiró para realizar cine, y me lancé con un proyecto que nunca se había hecho en Chile: una película dentro del manifiesto Dogma 95. Así nació "Residencia", la primera y única película chilena adscrita al movimiento danés. La trama surge de un grupo de estudiantes universitarios que llegan a la capital a intentar forjarse un futuro con mucho esfuerzo. "Residencia" se estrenó el 2004 y tuvo varios récords, además de ser un dogma oficial, fue la primera película digital estrenada en 23 salas del país simultáneamente, fue la primera película en el mundo que se estrenó con una copia con lenguaje de señas, patrocinada por la Fundación Teletón, y fue la primera película dogma del mundo calificada para "Todo

Espectador", algo raro en el sórdido estilo creado por Lars Von Trier y sus secuaces. Una novedad en todo sentido, quedando en los anales de la historia como la número 33, de solo 35 películas que fueron certificadas oficialmente en todo el mundo antes que el movimiento se cerrara definitivamente.

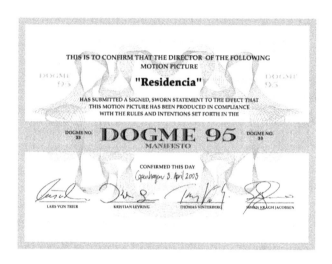

Imagen 8: Certificado oficial entregado por el movimiento Dogme#95, que incluye la firma de Lars Von Trier.

"Residencia"[2] nuevamente marcaba el rumbo en mi vocación de educador, además de regalarme algunos premios como el "Premio del Público", en el Festival de Austin, USA, el "Premio Originalidad", en el Festivalito de La Palma, Islas Canarias, España, el "Premio del Público", en el Festival de Ovalle, Chile, el Premio de la Asociación de Periodistas de Espectáculos APES al "Mejor Guión", y llevarme a hacer clases en la Universidad de las Américas para las carreras de Comunicación Audiovisual, Periodismo y Animación Digital, donde me estrené como profesor.

---

[2] "Residencia" se puede ver completa en https://youtu.be/AKZia_TWm-o

Todo parecía que iba bien en mi vida de comunicador, hasta que el destino me infringió algunas derrotas casi insalvables: Nos entraron a robar a la productora sólo dos semanas después de haber invertido mucho dinero en un recambio tecnológico, migrando a lo digital. Se llevaron todo, dejándonos prácticamente en la calle. Me paré a duras penas y monté un espacio cinematográfico llamado "Strawberry Films" y una pequeña productora, con la cual hice el programa de televisión "Tertulia"[3], que transmitía el Canal 13 Cable. Sin embargo el auspiciador principal decidió cortar el auspicio a mitad de año por un malentendido, dejándonos sin sustento y con el arrastre de deudas, lo que me llevó a cerrar el espacio cinematográfico y trasladarme a mi casa con un computador y una cámara, a hacer videos institucionales y salir a buscar trabajo.

Esto me obligó a hacer cualquier cosa con tal de sobrevivir, lo que me impulsó a ofrecer talleres audiovisuales en colegios. Esa fue la vuelta de tuerca: Entré para no salir.

De ahí el paso a estudiar la Licenciatura en Educación y transformarme en profesor de Educación Tecnológica fue pequeño. Luego me perfeccioné en áreas de liderazgo, tecnología e innovación, y cuando la pandemia me encontró como profesor, estaba listo para tomar el protagonismo de un nuevo formato de clases que hasta ese momento nunca habíamos visto como humanidad: las famosas clases híbridas.

Este libro es una consecuencia de una vida dedicada a la tecnología audiovisual y a la educación, y ahora pongo esos conocimientos al servicio de la comunidad.

---

[3] "Tertulia" ganó el Premio Nacional de Televisión en el segmento "Cultura". Las temporadas de Canal 13 Cable fueron desde el 2004 hasta el 2006 inclusive.

Fuentes:

- Siemens, George (2004). «Connectivism: A Learning Theory for the Digital Age». *International Journal of Instructional Technology and Distance Learning 2.*
- Imagen 1: Mapa del Imperio Británico. De Vadac. - Trabajo propio., Dominio público, https://commons.wikimedia.org/w/index.php?curid=1436172
- Lozano, Roser. "De las TIC a las TAC: tecnologías del aprendizaje y del conocimiento". Anuario ThinkEPI, 2011, v. 5, pp. 45-47. Disponible en: https://recyt.fecyt.es/index.php/ThinkEPI/article/view/30465/16032
- Bejarano, C. & Galán, N. (2018). TECNOLOGÍAS DIGITALES Y EDUCACIÓN: ¿UNA RED DE POSIBILIDADES O DE LIMITACIONES?. Tecnologías Digitales para transformar la sociedad. Sociedad digital y ciudadanía digital: Un nuevo marco de análisis. Editorial Albacete: Liber Libro (España).
- Basantes, A., et.al. (2017). Los Dispositivos Móviles en el Proceso de Aprendizaje de la Facultad de Educación Ciencia y Tecnología de la Universidad Técnica del Norte de Ecuador. https://scielo.conicyt.cl/scielo.php?script=sci_arttext&pid=S0718-50062017000200009
- Líderes Educativos (2020). Consejos para Planificar Clases Virtuales en Escuelas y Liceos. https://www.lidereseducativos.cl/consejos-para-planificar-clases-virtuales-en-escuelas-y-liceos/
- Hotmart (2019). Los 6 principales desafíos del educador principiante al preparar una clase a distancia. https://blog.hotmart.com/es/preparar-clase-a-distancia/
- Cobo, Cristóbal (2016) La Innovación Pendiente. Reflexiones (y Provocaciones) sobre educación, tecnología y conocimiento. Colección Fundación Ceibal/ Debate: Montevideo, Uruguay.
- UNIACC (2020). Los jóvenes actuales y sus procesos de aprendizaje. MTEI - M1 - U1 - PPT NARRADO. Disponible en: https://www.youtube.com/watch?v=0URXdZ_022M
- UNIACC (2020).Sociedad actual y demandas a los procesos de formación. MTEI - M1 - U1 - VC1. Disponible en: https://www.youtube.com/watch?v=G65izNOhhmc
- Prenski, M (2001). Digital Natives, Digital Immigrants. On the Horizon, MCB University Press, Vol. 9 No. 5. Disponible en: https://marcprensky.com/writing/Prensky%20-%20Digital%20Natives,%20Digital%20Immigrants%20-%20Part1.pdf
- Alonso, G. (2015). Millennials y Generación Z: El gran reto de la educación. Disponible en https://es.linkedin.com/pulse/millennials-ygeneraci%C3%B3n-z-el-gran-reto-de-laeducaci%C3%B3n-alonso.
- Manovich, L. (2013). El lenguaje de los nuevos medios de comunicación. La imagen en la era digital. Barcelona, Paidós.
- Cataldi, Z. y Dominighini, C. (2015). La generación millennial y la educación superior. Los retos de un nuevo paradigma. Facultad Regional Buenos Aires. Universidad Tecnológica Nacional. Revista de Informática Educativa y Medios Audiovisuales Vol. 12(19), págs.14-21.
- Shannon, Claude Elwood (July and October, 1948). A Mathematical Theory of Communication. The Bell System Technical Journal. p. 55
- Guía para el desarrollo de Clases Híbridas, Universidad de la Frontera, Chile (2021). Disponible en: http://docenciavirtual.ufro.cl/wp-content/uploads/2021/06/Guia_para_el_desarrollo_de_Clases_Hibridas.pdf
- Briede, J; Leal, I; Mora, M; Pleguezuelos, C. (2014). Propuesta de Modelo para el Proceso de Enseñanza-Aprendizaje Colaborativo de la Observación en Diseño, utilizando la Pizarra Digital Interactiva (PDI). Universidad delBío-Bío, Departamento de Arte y Tecnologías del Diseño, Concepción. Universidad del Bío-Bío, Área de Desarrollo Pedagógico y Tecnológico, Coordinación Unidad de Gestión Curricular y Monitoreo, Chillán-Chile. Disponible en https://www.researchgate.net/publication/277817934_Propuesta_de_Modelo_para_el_Proceso_de_Ensenanza-Aprendizaje_Colaborativo_de_la_Observacion_en_Diseno_utilizando_la_Pizarra_Digital_Interactiva_PDI

- Imagen 5: Imagen de stockking en Freepik, disponible en:
https://www.freepik.es/foto-gratis/profesor-geometria-joven-emocionado-pie-vista-perfil-delante-piz
arra-aula-sosteniendo-tiza-apuntando-pizarra_17183802.htm y
https://www.freepik.es/foto-gratis/interacciones-escolares-linea-atras_11298622.htm#query=ni%C3
%B1o%20mirando%20pc&position=8&from_view=search&track=ais